Altea
Santillana

© 2004, Ediciones Santillana S.A.
Beazley 3860 (1437) Buenos Aires

© De esta edición:
2004, Santillana USA Publishing Company, Inc.
2105 NW 86th Avenue
Miami, FL 33122, USA
www.santillanausa.com

Altea es un sello editorial del **Grupo Santillana**. Éstas son sus sedes:

ARGENTINA, BOLIVIA, CHILE, COLOMBIA, COSTA RICA,
ECUADOR, EL SALVADOR, ESPAÑA, ESTADOS UNIDOS,
GUATEMALA, MÉXICO, PANAMÁ, PARAGUAY, PERÚ, PUERTO RICO,
REPÚBLICA DOMINICANA, URUGUAY Y VENEZUELA.

ISBN: 1-59437-565-8

Impreso en Colombia por D'vinni

EL BAÚL DE MI MUNDO

Un libro sobre los tamaños

COLECCIÓN
EL BAÚL

MI ABUELO ES EL MAYOR DE LA FAMILIA
Y EL BEBÉ ES EL MENOR DE MIS HERMANOS.
¿TOCA UN GIGANTE EL TECHO CON LA MANO?

EN TU CASA ¿QUIÉN ES EL MAYOR DE TODOS?, ¿Y EL MENOR?

AYUDO CON LOS PLATOS A MAMÁ.
MI PAPÁ USA EL MÁS GRANDE, Y YO, EL MEDIANO.
EL MÁS PEQUEÑO, ¿SE LO PONGO AL GATO?

DE MENOR A MAYOR GUARDO LOS LIBROS
EN UNA BIBLIOTECA DE MI CASA.
¿EL SOMBRERO DE UNA CASA ES LA TERRAZA?

DE MAYOR A MENOR MI HERMANO ORDENA
TODOS LOS FRASCOS QUE HAY EN LA COCINA.
LA ARENA, ¿SERÁ PRIMA DE LA HARINA?

PASEO EN BICICLETA, POR EL PARQUE.
MI GLOBO AZUL TIENE UN HILO MUY LARGO.
¿TENDRÁ CALOR EL SOL EN EL VERANO?

LA CALLE DE LA ESCUELA ES MUY CORTA
Y LA MÁS DIVERTIDA DE MI BARRIO.
¿ALGUIEN ESCRIBE EN LAS HOJAS DE UN ÁRBOL?

¿CUÁL ES EL LUGAR MÁS DIVERTIDO DE TU BARRIO?

NOSOTROS POR AHORA SOMOS BAJOS.
LOS ALUMNOS DE SEXTO YA SON ALTOS.
¿ELLOS CRECIERON PORQUE LOS REGARON?

¿QUÉ COSAS GRANDES HAY EN TU CLASE? ¿Y QUÉ COSAS PEQUEÑAS VES?

LA MAESTRA USA UN ESCRITORIO GRANDE
NUESTRAS MESAS Y SILLAS SON PEQUEÑAS.
A LA NOCHE, ¿LA ESCUELA DUERME Y SUEÑA?

MIS AMIGOS Y YO NOS DIVERTIMOS
JUGANDO CON LOS BLOQUES EN EL SUELO.
LOS DOS CUBOS IGUALES, ¿SON GEMELOS?

EN EL BAÚL HAY BLOQUES **DIMINUTOS**.
LOS **ENORMES** ESTÁN EN EL CANASTO.
LOS JUGUETES, ¿NO ESTÁN NUNCA CANSADOS?

¡Disfruta todos los libros de la colección EL BAÚL!
mientras aprendes importantes conceptos

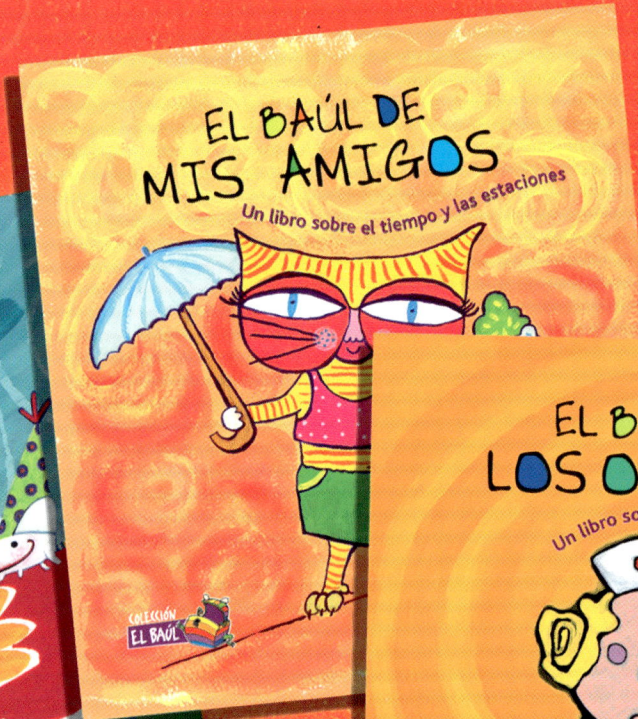

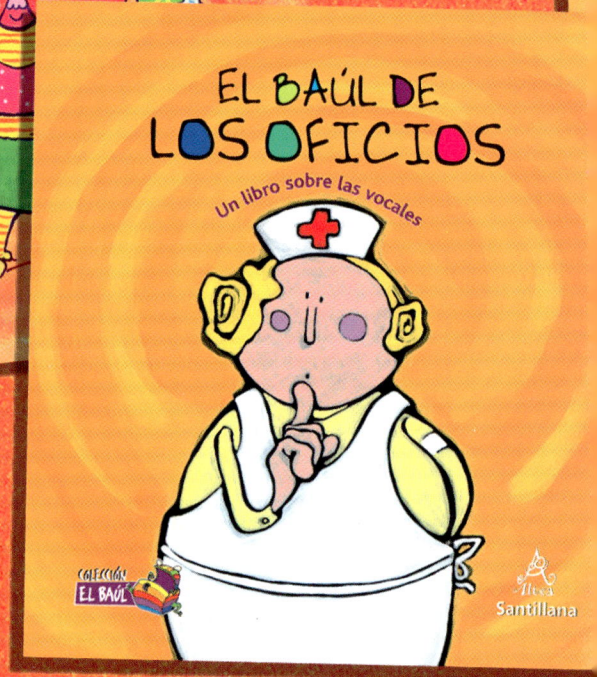

EL BAÚL DE
MIS AMIGOS

Un libro sobre el tiempo y las estaciones

EL BAÚL DE
MIS FIESTAS

Un libro sobre los colores

EL BAÚL DE
LOS OFICIOS

Un libro sobre las vocales

COLECCIÓN
EL BAÚL

COLECCIÓN
EL BAÚL

COLECCIÓN
EL BAÚL

Santillana

Santillana

COLECCIÓN
EL BAÚL

EL BAÚL DE
MIS JUGUETES

Un libro sobre figuras y cuerpos

EL BAÚL DE
MI MUNDO

Un libro sobre los tamaños

EL BAÚL DE
S ANIMALES

bre los opuestos

EL BAÚL DE
LOS TRANSPORTES

Un libro sobre los números

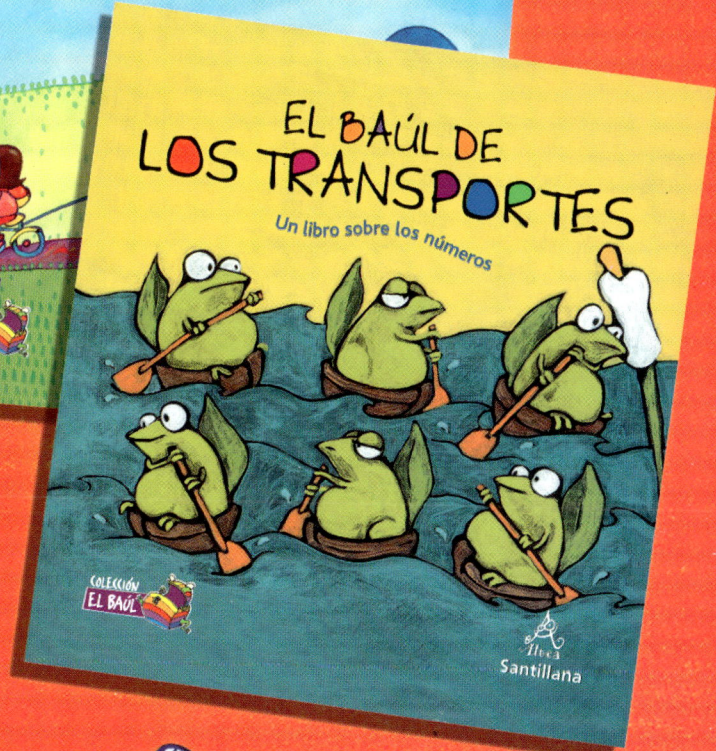

EL BAÚL DE
MIS PASEOS

Un libro sobre nociones espaciales

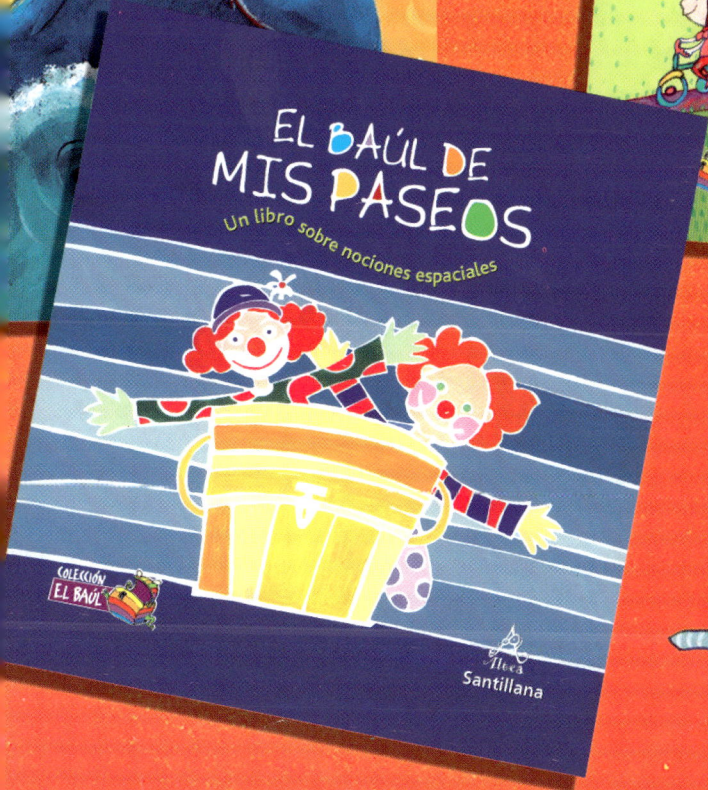

COLECCIÓN
EL BAÚL

Altea
Santillana

Altea
Santillana

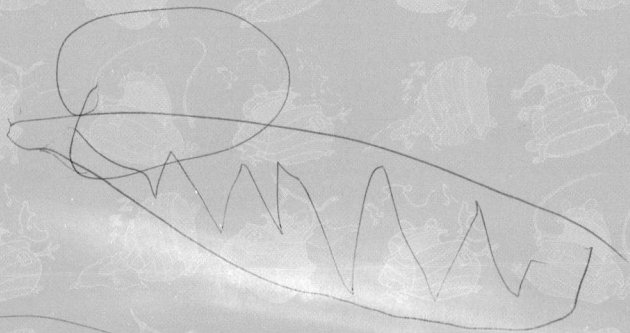